L'AMOUR

SUR LE

TOIT DU MONDE

© **Copyright 2017 ML Teyssedre. Tous droits réservés.**

Je suis ravie et honorée que vous aimiez mes écrits. Comme certains d'entre vous, j'œuvre à la diffusion de connaissances énergétiques et de clés de développement personnel accessibles à tous.
Si vous appréciez ce livre et mon travail, merci de le respecter. Ce texte est soumis au copyright, aussi il est interdit de l'utiliser sans mon accord.
Si vous souhaitez citer une petite partie de mon texte, merci. Dans ce cas, veuillez indiquer lisiblement la référence de ce livre en source.
Si vous souhaitez en utiliser un plus large extrait, merci de m'en informer.

Coeurdialement
Mary Laure Teyssedre

***ISBN* 978-2-9559709-0-4**

Mary Laure Teyssedre

L'AMOUR

SUR LE

TOIT DU MONDE

www.marylaure-teyssedre.com

DU MEME AUTEUR
(Editions Jouvence)

Prendre conscience de son énergie,
4 étapes pour la découvrir et la ressentir

Changer sa vie,
24h pour trouver sa voie
Titre en allemand : Trau Dich
Titre en espagnol : Cambiar tu vida

Les cinq blessures de l'âme
Identifier ses blessures dominantes pour les panser

L'ancrage énergétique,
Retrouvez la force en vous

Osez vivre de votre passion,
Bien vivre et s'épanouir dans sa profession de thérapeute

Comment attirer l'argent et l'abondance,
Un choix à la portée de tous

Si ce livre vous plait, connectez-vous sur
https://www.marylaure-teyssedre.com/index.php/lamour-sur-le-toit-du-monde/
pour une offre exclusive

Tout droit de reproduction, traduction et adaptation réservés pour tous pays

www.marylaure-teyssedre.com

A mon arrière grand-mère,
A ma grand-mère,
A ma mère,
A ma fille,
…

Ce livre est un baume.
Pour toutes les femmes agressées
Pour les hommes violentés
Pour le monde entier.

-1-

Il était une fois... un cœur.

Attention, pas n'importe quel cœur. Celui présenté sur la couverture de ce livre. En verre poli, rouge et or. Magnifique. Et pour moi, très spécial !

Je l'ai choisi lors de la cérémonie de clôture d'une des quatre années d'études intensives et hautement transformatives de l'école de Barbara Ann Brennan, aux Etats Unis.
Il y a 7 ans, déjà.
Traditionnellement, chacun y amène quelque chose auquel il tient. Un « trésor » personnel.

Tous ces objets précieux sont déposés sur des plateaux d'argent et « infusés » d'énergie d'amour et de guérison par les énergéticiens de cette école, venus du monde entier. Puis, tour à tour, chacun choisit un nouveau trésor, et le chérit précieusement.

J'ai choisi ce cœur. L'idée en elle-même me plaisait. Chaque cœur est numéroté. Pour voir l'Amour voyager, il suffit d'aller sur le site internet correspondant, entrer son nom et on peut alors découvrir l'historique du voyage de l'Amour. J'ai trouvé ça magnifique, comme concept. Aujourd'hui, le site n'existe plus.
Pas grave, j'ai choisi de vous compter le voyage de ce cœur ici...

En sept ans, jamais je ne l'ai transmis. Ni même pensé à le faire. Il me semblait tellement spécial, il fallait vraiment une occasion exceptionnelle, non ?

Et puis, il y a quatre ans environ, j'ai fait une rencontre âme-icale incroyable.

Karmique, sans aucun doute.

Alors que j'explorais la lignée familiale sous un angle psycho-généalogique bien particulier, nos âmes se sont trouvées pour se guérir mutuellement.

La coïncidence était telle qu'elle était inratable.

Depuis quelques mois, cet ami est malade. Plutôt malade, même. Quelques années, au plus, à profiter de la vie, ont dit les médecins (il a la quarantaine...).
Vu son parcours de vie, il n'est pas du genre à se laisser abattre. Ni à les écouter vraiment. Alors il profite. A fond. Ca fait 20 ans qu'il profite (enfin !), de toutes façons alors, il ne va pas s'arrêter maintenant. Au contraire.

Il y a 2 mois, il me confie son rêve ultime : escalader l'Everest (il est autant passionné de montagne que moi de mer...). Avec les différents diagnostics qu'il se traine, c'est un peu n'importe quoi, mais bon.

J'entends son rêve.

Il lui ressemble parfaitement.

-3-

Il y a 3 jours, il m'appelle : « *Je pars pour l'Everest, dans 3 semaines...* ».

Une opportunité incroyable se présente à lui. Un groupe, mené par un de ses amis, kinésithérapeute. Il reste une place.
Ca tombe bien, il a, entre autres problématiques, une cheville « en vrac ».
Il est tellement enthousiaste, lui qui avait mal depuis des mois, il boîte toujours, mais maintenant, il « s'entraîne ». Il a un but. Son rêve. Tout près, là. Dans 3 semaines. Trois mois d'expédition. Le top. Au top du monde.
Il met toutes ses économies dans ce voyage. Il en a toujours rêvé. Et vu le temps qu'il lui reste.... Comme par hasard, l'opportunité se présente à lui maintenant.
Jamais avant.
J'ai lu il y a quelques jours sur internet l'histoire de cette américaine de 90 ans à qui l'on a diagnostiqué un cancer, qui a refusé tout traitement et a décidé de partir visiter son pays en camping car. Son rêve à elle, à 90 ans.

***
**L'urgence de la fin de vie POSSIBLE
fait choisir la Vie.**

***

L'urgence de vivre ses rêves est en fait toujours
MAINTENANT.
J'ai foi que cet ami reviendra de là bas. Et en pleine santé, même. J'ai foi aussi que l'Everest le laissera l'escalader.

***
**Les rêves sont toujours atteignables
pour ceux qui les tentent.**

***

-4-

Bref, voilà, l'évidence était là : Le cœur Heart is Hot, numéro 781 est parti avec lui, sur le toit du monde.

Quel meilleur endroit pour ce cœur, infusé d'énergie d'amour par des guérisseurs du monde entier, que de voyager dans son sac à dos ?

Sa mission ?
Le déposer au plus haut point de la planète.

En ce moment, le monde en a grandement besoin, vous ne croyez pas ?

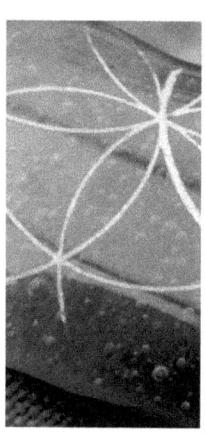

Première partie

Chriss a 45 ans. Il est français. Brun. Trapu. Il vit... un peu partout, principalement dans les Alpes. Pas loin de la frontière suisse. Ou quelquefois tout près de l'Italie. Rarement plus de six semaines au même endroit. Il a « la bougeotte », comme il dit.

Alors forcément, les opérations qu'il doit subir à la cheville depuis plus d'un an, ça l'énerve. Déjà deux opérations pour une algodystrophie, suite à une mauvaise chute il y a longtemps. Une dernière chute, plus récente, a ravivé les douleurs de sa cheville droite. Plâtre, béquilles, et même fauteuil roulant durant presque trois mois, il en devenait fou. Sa cheville nécessiterait une troisième opération. Il n'en peut plus. Alors en attendant, il a mal, il boîte, mais il marche.

Ses reins sont à la limite de la greffe. A cause d'une maladie dégénérative et insidieuse, la maladie de Berger. Stade 4. Elle se caractérise pour lui par une insuffisance rénale sévère, une hypertension forte et des douleurs lombaires. Il a déjà été hospitalisé plusieurs fois en urgence pour une albuminurie grave (présence de trop de protéines dans les urines). Bref, on lui parle sérieusement de dialyse. Ce dont il ne veut pas entendre parler, bien évidemment.

Ses poumons souffrent d'une maladie génétique rare et elle aussi dégénérative, le déficit Alpha 1. Ce manque d'une protéine protectrice dans le système pulmonaire a fait dire aux médecins, quelques 20 ans plus tôt, qu'il ne dépasserait pas 50 ans... En gros respirer va devenir de plus en plus difficile pour lui, jusqu'à l'asphyxie.

Comme il n'aime pas vraiment qu'on lui dicte la façon dont il devrait vivre, il a testé récemment : il a décidé d'escalader le Mont Blanc. Il s'est entraîné tout l'été, et, accompagné de son ami, kiné et guide de montagne, il est monté. A son rythme. Hyper heureux et fier d'avoir dépassé les diagnostics. Deux fois. Pour être bien sûr que la première fois n'était pas un hasard.

Mais c'était il y a deux ans déjà. Avant les nouveaux problèmes de chevilles. Et surtout, avant les problèmes de reins. Aujourd'hui, selon les médecins, partir est une pure folie. Normalement, la seule chose à envisager, c'est l'opération.

Sauf que « normalement » ne fait pas vraiment partie du vocabulaire de Chriss.

Son projet fou lui donne des ailes. Il n'écoute plus du tout les oiseaux de mauvais augure. Il s'entraîne. Il considère que si la vie s'arrête pour lui dans quelques mois, il vivra les quelques mois qui lui restent à fond, et non coincé dans les couloirs d'un hôpital.

C'est décidé. Pour faire SON Everest, il a besoin de se remettre les crampons aux pieds…. Il lui reste trois semaines pour se préparer ? Pas de problème. Son ami kinésithérapeute et passionné de montagne, comme lui, habite en Savoie : Il repart escalader le Mont Blanc avec lui une troisième fois.
Histoire de s'échauffer.

-6-

Heart is Hot 781 s'est envolé avec lui fin mars 2016 par le vol Paris – Katmandou, bien coincé dans une petite poche de son sac à dos rouge.

L'arrivée au Népal a été l'occasion du premier choc d'une longue série. Les stigmates du violent tremblement de terre de mi 2015 sont encore partout. La pauvreté est largement présente. Un an après, il y a encore de nombreuses ruines. La ville a été en grande partie ravagée. Les habitations, déjà sommaires, sont encore branlantes et dangereuses, pas toutes sécurisées. Les enfants mendient entre les gravats.

Chriss mesure encore plus consciemment la chance qu'il a. De voyager. D'être en vie. D'avoir des amis. De quoi manger. Un toit.

Oui, le monde entier a vraiment besoin d'amour, d'entraide, de solidarité, de respect, de beauté.

Pour lui, malgré cet environnement qui dérange ses habitudes, la Joie est là. Il ressent l'excitation intérieure. La force de vie qui monte. La volonté d'en découdre avec la montagne. L'approche de son rêve, à portée de piolet.

Impossible pour lui de dormir. La tête dans les étoiles, il est déjà en haut…et de là, à 8850 mètres, on en voit, des étoiles…..

Dès le lendemain, le groupe fait connaissance, et les préparatifs s'activent.

Son ascension se fera par l'arête sud-est du Népal. Officiellement, c'est l'itinéraire le plus facile, et donc le plus emprunté. Plusieurs centaines de postulants au sommet suprême se présentent tous les ans, entre mars et mai, pour tenter leur chance. Cette « route » a été ouverte par Edmund Hillary et Tensing Norgay, les premiers à avoir atteint le somment en 1953. Avril et mai sont les deux seuls mois de l'année où le vent souffle moins fort (tout étant relatif). Dix mois par an, l'ascension est donc impossible.

Avant même d'avoir commencé, Chriss a déjà eu une chance incroyable. A croire que cette ascension fait partie de son chemin.
Tenter sa chance sur l'Everest n'est en effet pas donné à tout le monde. Le tourisme « de masse » devient même une problématique écologique pour le Népal. Du coup, pour limiter l'afflux des alpinistes du dimanche, les tarifs pour monter varient entre 30 000 et 50000 dollars en moyenne, selon les groupes et les guides. Plus les frais annexes.

Grâce à son ami kiné, Chriss a bénéficié d'un tarif improbable, vraiment réduit : un peu plus de 10 000 dollars « seulement » pour son Permis d'Ascension. Il y a mis toutes ses économies, vidé tous les comptes. De toute façon, il n'a plus beaucoup de temps. Donc, il mise tout. Pour vivre jusqu'au bout. Et mourir comme il veut.

A cette somme se rajoutent 1000 dollars de caution. Elle sert à s'assurer que chaque alpiniste redescend ses poubelles... Le Mont devient tellement fréquenté, c'est un dépotoir. Mille dollars, le seul moyen que les autorités ont trouvé pour réduire un peu les déchets.

Se rajoutera aussi l'indemnité du sherpa (le porteur) que Chriss choisira.

***
**Pourtant, comme l'Amour,
le Mont ne s'achète pas.**

***

Le groupe se constitue : 12 alpinistes, dont le guide. Parmi eux, trois femmes. Seul le guide et Chriss sont français.

Certains des équipements sont fournis avec le Permis. Alors, le sac se réorganise.
Heart is Hot 781 est en bonne place, précieusement calé au milieu de tout le nécessaire : couverture de survie, habits chauds à isolation maximum, hyper ajustés au corps et très fins, anti-transpiration, 3 pour le haut du corps, trois pour le bas. Une gourde, un couteau suisse, des gants haute montagne et les sous-gants adaptés. Chaussettes, sur-chaussures. Matériel photo. Lunettes et crème solaire, car malgré le froid glaçant, le soleil tape directement. Les variations de température sont énormes. Petite trousse de secours. Crampons. Une grande partie de tout cela lui a été fourni avec le prix de l'expédition. En tout, 25 kilos de paquetage.

Pour l'heure, il conserve les habits avec lesquels il est arrivé au Népal. Il les laissera sur le camp de base, comme tout le monde. A reprendre au retour. Peut-être.

Enfin, pour lui, le vif du sujet : Le premier briefing de l'équipe. Difficilement compréhensible et assimilable si on ne l'a pas vécu.

Ainsi par exemple, il est expliqué au groupe que pour un être humain « normal » la limite verticale est de 7300 mètres d'altitude. Au-delà, le corps « meurt ». Il ne s'acclimatera plus. Le cerveau ne répondra plus aux ordres donnés. La coordination des mouvements se fera de manière totalement aléatoire. Tout sera oublié. Un peu

comme une touche « reset » géante. La mort de l'égo, si ce n'est celle du corps.
Peu encourageant, mais ça tombe bien, Chriss ne fait pas partie de la catégorie « normal ». Même pas peur.

Le briefing continue. On leur parle de solitude. Encordés, mais seul. Face à soi-même, face au vide, face à la Nature. La défier ainsi n'est pas sans risques. C'est de plus en plus clair pour tout le monde.

On leur parle aussi bouteille d'oxygène, organisation des camps, organisation du non-sommeil.
Chriss en est conscient, les risques de la très haute altitude sont multiples.
On leur parle aussi œdème cérébral ou pulmonaire.
Fractures, entorses et autres.
Froid, pluie, glaciers, crevasses.
Chutes de neige, humidité, vent, orages.
Séracs, ces gros blocs de glace qui peuvent se décrocher à tout moment, provoquant avalanches et accidents.
C'est sûr, il y a mieux comme vacances reposantes.

Lui, rien ne le motive plus que ça. Son rêve est à portée de « randonnée ». Il ne va pas se laisser impressionner par quelques détails techniques.
Le goût de l'aventure et celui du risque le ramène à sa furieuse envie de vivre.

La journée se termine par un cocktail de jus de fruits, le dernier avant deux mois au moins. Une vingtaine de sherpas sont là. Les alpinistes doivent choisir en quelques phrases échangées leur compagnon de cordée. Celui qui les accompagnera tout au long du chemin, qui préparera la route pour eux. Celui qui pour 1500 dollars, est prêt à donner sa vie pour sauver celle d'un étranger qu'il n'a jamais rencontré. Ils ont la nuit pour faire leur choix.

Mais Chriss est rapide. Comment a-t-il choisi ? Au feeling. Tout simplement. Pas du genre à se prendre la tête pour ça. De toute façon, il est serein. La Vie elle-même fait le choix des survivants.

Son sherpa s'appelle Kinamm.

Avant de se séparer, le groupe reçoit la bénédiction du chef des Sherpas. La prière est commune, les chants et les mantras se mélangent, et chacun jette par-dessus son épaule une poignée de riz. Les sherpas le savent,

***

L'ascension n'est pas affaire d'égo, mais d'humilité.

***

Le survol de la chaîne de montagnes pour atteindre le village de Lukla à 2800 mètres, est fantastique.

« Namaskara » (Bonjour) et « Dhan'yavāda » (Merci), en Népalais. Plus un collier de fleurs en signe de bienvenue. Voici comment est accueilli ce premier avril le groupe d'alpinistes qui tentera l'ascension avec Chriss et Heart is Hot 781.

C'est d'ici que la marche va commencer pour les sherpas et les étrangers du monde entier tentant cette folie.
Le premier village à traverser est à deux jours : Namche Bazar. L'objectif est à plus d'une semaine de marche : le camp de base, à 5400 mètres, plus haut que le Mont Blanc, déjà.

Avant de partir, le groupe reçoit une nouvelle bénédiction, la Puja, dans le monastère du village. Cette cérémonie demande la clémence des Esprits de la montagne pour chacun des grimpeurs.

Tour à tour après avoir enlevé leurs chaussures, ils s'avancent en file indienne vers les moines. Ceux-ci chantent différentes prières ou mantras. Les gongs résonnent, la musique est grave.

Chriss en est bouleversé. Lui qui ne croit pas à grand-chose, ressent les « Ommm » au plus profond de lui. La musique fait vibrer toutes ses cellules. L'écharpe en soie blanche achetée à Katmandou est remise au moine le plus âgé, celui qui guide la cérémonie. Il bénit cette écharpe, ainsi que toutes les autres, avec l'aide du groupe. Les chants durent une petite heure. Ils sont tellement magnifiques, que Chriss n'a pas vu le temps passer. Cinq minutes, tout au plus, se sont écoulées selon lui pendant ces chants.

C'est déjà le moment de la bénédiction individuelle. Toujours les uns derrière les autres, les alpinistes et leurs compagnons de cordée s'approchent du moine qui vient d'officier. Avec beaucoup de vénération et d'amour, il lève les bras vers le haut avec l'écharpe dans ses mains, la présente aux Dieux, et la passe autour du cou de Chriss.
C'est simple. Beau. Profond. Chriss en pleure de gratitude.
Il a reçu la vibration d'amour qui est la force d'être.
Il se sent serein comme jamais.
Son corps, toutes ses cellules, et l'intérieur de ses cellules ont entendu et reçu les prières.

***
Son ascension commence. Elle est aussi spirituelle.

***

Ca y est, ils avancent. Randonnent, selon Chriss. De 2800 mètres à 5400 mètres, c'est pourtant déjà beaucoup plus qu'une randonnée...

Il fait beau, le ciel est clément. La marche est facile, l'idéal pour faire vraiment connaissance et découvrir le rythme de chacun.
Sur le chemin, trois immenses ponts suspendus. Des câbles aciers, avec des traverses en bois. 500 mètres environ. L'un d'entre eux atteint même près de 1500 mètres. Incroyable. Tout au long des ponts, liés aux câbles aciers, des drapeaux de prières, des écharpes, forment une frange colorée au milieu des grands sapins. Sur les ponts, la caravane avance. Guide, alpinistes, sherpas, et yaks surchargés.

Tous les soirs, les sherpas préparent les tentes. Celle de Chriss est individuelle, mais ce n'est pas toujours le cas. Certains préfèrent avoir une tente double, pour profiter de la chaleur des corps, et quelquefois, se sentir rassurés.
Près de Namche Bazar, ils s'autorisent une petite pause dans une auberge. Thé, infusions aux plantes et chaleur humaine permettent de se ressourcer avant la lutte pour la survie.

Le 6 avril 2016, la barre des 5000 mètres est franchie.

Bien sur, le paysage a changé. Les sapins et la végétation plutôt luxuriante du départ ont laissé la place aux premières neiges. Le froid commence à piquer, les pieds à enfler, l'oxygène à manquer.

La motivation est intacte.

Deux jours encore sont nécessaires pour atteindre le camp de base. La cheville de Chriss hurle au secours. Alors tous les soirs, pour le soulager, il a droit au cocktail spécial d'antalgiques en injection, faite par son ami guide et kiné.

A partir de maintenant, les alpinistes sont coupés du monde. Plus de téléphone. Uniquement talkie walkie et appel d'urgence. Qui ne sert pas à grand chose, d'ailleurs, puisqu'aucun hélicoptère ne peut s'aventurer sur ces flancs escarpés.

-9-

8 avril 2016

Arrivée au camp de base. Le pied du Mont.
Pour Chriss, le pied, tout simplement.

Le paysage est grandiose. Une pure merveille. Le début du Paradis.
Lui qui parle beaucoup, le voilà sans voix devant la beauté du paysage !
Magique, extraordinaire, immense, imposant, splendide, tout y passe.

Pourtant, le camp se situe dans un désert de roche et de neige. Il fait froid. Très froid. Le vent souffle et hurle. La montagne craque. Les bruits naturels sont tellement présents que déjà, il est difficile de dormir et de récupérer.

Le camp est encombré, aussi. Des centaines d'alpinistes et de sherpas se croisent ici. Une petite ville, presque. Chacun plante sa tente, mais tous se retrouvent régulièrement dans d'immenses tentes collectives.

On compte la tente salon, la tente cuisine, la tente salle de bains. Un vrai luxe, celle-ci, avec ses douchettes et son eau chaude. L'eau est chauffée par panneaux solaires. Elle ne reste pas chaude longtemps, mais il y a quelques heures en pleine journée pour profiter de ce plaisir simple. Pour empêcher que l'eau gèle en dehors des heures de soleil, un additif, non toxique pour la peau, est rajouté régulièrement.

L'expédition reste une semaine pour s'acclimater. Tous les jours, passage obligatoire dans la plus grande et la plus importante des tentes communes : la tente médicale. Test d'effort, avec obligation par exemple de faire du step pour que les médecins mesurent la capacité à ventiler, l'oxygénation, l'adaptation à l'effort, la tension. Examens médicaux et sportifs obligatoires. Tous les jours. Plusieurs fois par jour, même, si besoin. Les médecins vont déclarer apte ou non chaque grimpeur pour l'ascension. Il arrive régulièrement que certains doivent redescendre déjà.

Pas Chriss. Lui, il touche son rêve. Il est empli de gratitude. Il profite. Tout est beau, à ses yeux. Quand on commence à vivre son rêve, ça fait cet effet là.

Jusque là, l'acclimatation au manque d'oxygène s'est faite au fur et à mesure, On grimpe, on plante la tente, on repart.

A partir de maintenant, tout change.
La récupération des bouteilles d'oxygène en est la preuve. Chaque alpiniste a plusieurs bouteilles attitrées. Cinq, exactement. Les sherpas en ont aussi, mais quelquefois, ils les récupèrent plus haut. D'après Chriss, Kinamm a des capacités respiratoires dignes d'un surhomme. L'adaptation de ses poumons aux nombreuses montées en est selon lui l'explication. Le long du chemin et tout au long de la montée, les sherpas préparent la route pour les alpinistes. Ce sont eux qui plantent les cordes fixes, mettent les échelles pour traverser les crevasses, installent, balisent. Eux aussi qui, toutes les centaines de mètres, jusqu'au sommet, déposent par avance le long du chemin des bouteilles d'oxygène supplémentaires pour pouvoir parer à l'urgence.

Au camp de base se fait le ravitaillement en nourriture. Soupes lyophilisées, pâtes de fruits, fruits secs, amandes, ananas confits, abricots, dattes, gâteaux secs. Tout le nécessaire pour reprendre des forces sur le chemin de la montée. Sa soupe favorite ? Tomates.

Ici, Chriss peut encore profiter de nuits complètes. Dès le camp 1, ils sont prévenus, les nuits seront fractionnées… réveil obligatoire toutes les 15 minutes, pour s'assurer de rester en vie. Sinon, le corps se refroidit et gèle.

Une autre Puja se prépare. Cette cérémonie bouddhiste est la dernière avant de quitter le camp. Les moines vont et viennent entre les alpinistes, et prennent le temps de faire connaissance. Ainsi, ils demandent à chacun ce qui les a vraiment amenés ici. Leurs faiblesses. Leurs forces. Ils pourront alors, pour la bénédiction, adapter les prières au mieux. Chriss est touché par la prévenance de ces hommes. Leur tendresse palpable. Leur dévouement à faire l'intermédiaire pour solliciter le moins de morts possible. La cérémonie est dans trois jours.

En attendant, prendre soin de soi et se reposer est la priorité. C'est ce qu'il fait.
Et aussi, tous les matins au lever, il prend 15 minutes, pour se mettre en retrait. Là, il réalise un rituel qui lui est tout personnel. Il dit merci à la Vie, à la Nature, à la Montagne. Il prend la neige ou les pierres dans ses mains. Il « fait connaissance avec le terrain ». Il est toujours empli de gratitude. Pour lui, de toute façon, il a déjà réussi.
Etre ici est extraordinaire. Il s'invente des exercices de respiration spécifiques. Il prend conscience de l'oxygène limité et apprend à apprivoiser le manque. Sentir à quelle limite ses poumons à lui se bloquent. Demande la clémence de la Montagne.
Je vous l'ai dit, il n'est pas croyant. Il est humble. Et conscient d'être tout petit.

-10-

Le Lama vient d'arriver.

La cérémonie se déroule cette fois en plein air, face à l'Everest.

Il y a foule, tout le camp est présent.

Le cœur est à la fête. Thé, biscuit, chants, prières. De nouveau, une khata (l'écharpe de soie blanche) est offerte à chacun et remise autour du cou. C'est un souhait de longévité pour la personne qui la reçoit.

La vibration d'amour et de respect est présente partout sur le camp.

Durant la cérémonie, les cordes qui relieront les alpinistes entre eux sont bénies.
Les crampons sont bénis.
Les piolets sont bénis.

Tous sont prévenus, les crevasses et les glaciers représentent un grand danger.

La vie de tous est en jeu.

-11-

Le groupe quitte le camp de base le 13 avril.
Il est prévu un mois d'ascension, en quatre étapes.
Camp 1 à 6100 mètres.
Camp 2 à 6500 mètres.
Camp 3 à 7400 mètres.
Camp 4 à 8000 mètres.
Sommet à 8848 mètres.

Pour l'acclimatation à l'altitude, le programme à partir de maintenant est le suivant. Dans la journée qui suit le départ du camp, le groupe monte au camp suivant, puis redescend, dans la même journée. Il dort une nuit au camp initial.
Le lendemain, remontée au camp supérieur. Et là, trois nuits d'acclimatation dans ce nouveau camp sont nécessaires avant de reprendre l'ascension.

L'air est glacial, il est 4 heures du matin, mais l'enthousiasme est là.

Si le départ est de « si bonheur » c'est pour pouvoir passer les cascades de glace (« Ice falls ») terriblement connues pour être meurtrières. Ces crevasses sont perpétuellement en mouvement, et leur traversée extrêmement dangereuse. Certes, les nuits sont glaciales, mais le soleil de l'après midi réchauffe la glace et augmente les risques. Aussi, plus le départ se fait tôt, mieux c'est.

Le groupe avance en file indienne. Chacun est encordé avec son sherpa uniquement.

Cette première journée se passe bien. Les crevasses sont impressionnantes. Impossible d'en voir le fond. Le matin avant le départ du groupe, les sherpas sont allés baliser le

terrain. Poser les échelles en aluminium entre les crevasses. Ces échelles serviront de pont de fortune. Un câble à droite, un à gauche, voilà ce qu'utiliseront les alpinistes pour se maintenir debout et marcher au dessus du vide. Le vent souffle, il faut rester très concentré.
Seulement une personne sur l'échelle. L'alpiniste, et derrière, son sherpa.
Chriss, et derrière lui, Kinamm.

La montée et la redescente au camp de base se font sans problème majeur. Les équipes s'habituent au froid, et à traverser les difficultés ensemble.

La nuit au camp de base est réparatrice.

Le lendemain, de nouveau, ascension vers le camp 1.
Le groupe reprend sa marche, dès 4 heures du matin.

Toujours ces crevasses, qui gémissent inlassablement dans le vent.
Ce matin, de nouveau, des sherpas ont installé les échelles, et réinstallé les cordes et câbles de sécurité. Il fait tellement froid, et la glace bouge tellement, qu'il n'est pas possible de les laisser d'un jour sur l'autre. Les cordes casseraient comme du bois sec à cause du froid. Les échelles tomberaient au fond des crevasses. Les câbles seraient emportés par le vent, ou recouverts de glace ou de neige.

Chriss et Kinamm ferment la marche. Devant eux, leurs 22 compagnons, alpinistes et sherpas, se sont déjà engagés dans les « Ice falls ». Certains d'entre eux sont même déjà arrivés de l'autre coté.

C'est au tour de Chriss de s'engager sur l'échelle. Il fait quelques pas.

Et tout à coup, quelque chose change. Difficile à définir.
Une vibration dans l'air.
Un silence étonnant.
La montagne se tait.
Elle attend.

Presque imperceptiblement, l'échelle qu'il vient d'emprunter se met à trembler. De plus en plus. Les vibrations s'accentuent, comme si les basses fréquences de la Terre remontaient à la surface.

Et c'est à ce moment là qu'il l'entend.
Le bruit sourd. Le grondement terrifiant.

Dame Nature tremble.

Il a reculé et quitté son échelle. Il lève la tête et comprend.

« Avalanche ! » a hurlé le guide.

Le cri d'alerte était inutile, le bruit suffisait.

-12-

Elle fonce droit sur eux.
Il lui reste quelques secondes à peine.

Alors, tout geste devient réflexe.
Les règles de sécurité appliquées à la lettre sans avoir le temps d'y penser. Il plante son piolet d'un coup vif, et, en se retournant, appuie dessus d'un coup de crampon avec le pied droit.
« Faites qu'il tienne ».

Il enroule son cordage au plus court autour du piolet, deux tours seulement.

Pas le temps.

Position fœtale. Dos à la montagne.

Prendre une grande respiration. Bander tous ses muscles et se raidir à la limite de la douleur pour tenir.

Et prier.

...

Impact.

Des millions de mètres cubes de neige déferlent sur lui et l'emportent dans un immense nuage blanc. Pendant qu'il est encore conscient, il déclenche l'airbag dorsal avec balise de détresse dont la poignée se situe à droite de son sac à dos.

Ce coussin d'air, comme un parachute, le protège durant sa longue glissade au milieu de l'avalanche. Il est emporté. Mais toujours relié à Kinamm.
La balise émet des ultrasons et un flash lumineux.

...

Attendre.

Sans s'endormir ni sombrer, sinon, c'est la mort assurée.

Chriss est vivant. Sonné. Désorienté.
Il est enseveli.

Après le bruit, le calme est absolu.

Il bouge. Vérifie qu'il a tous ses membres. Constate qu'il n'est pas blessé.

Et perd connaissance.

« C'est là que la course à la survie a vraiment commencé ».

Plusieurs équipes font l'ascension en même temps.
La plus près de son groupe est sur les lieux très rapidement.

Grace aux balises, le camp juste en dessous est prévenu.

Les secours s'organisent.
Ici, pas d'hélicoptère possible, pas de chiens de montagne.
Les sherpas arrivent avec des brancards.

Il est retrouvé assez rapidement. Il n'était pas profond. Grâce à de longues perches, les sherpas sondent la coulée de neige. Les coordonnées précises de la balise GPS lui ont sauvé la vie, son corps n'a pas eu le temps de geler.

Il a été retrouvé à 200 mètres en dessous du point d'impact. Son piolet s'est décroché.
On le masse. On le claque.

Il reprend connaissance. Comme lui, Kinamm est vivant.

Etalé sur la neige au milieu des blessés, il apprend que son ami guide n'a pas cette chance. Ayant déjà franchi les crevasses, l'avalanche l'a fait redescendre. Il est tombé dans l'une d'entre elles. Son sherpa, aussi. Et certainement 3 autres personnes, portées elles aussi disparues.

Le choc est immense.

***

Quelquefois, l'Amour exige d'immenses sacrifices

***

-13-

Lui a eu une chance incroyable.
Il s'en sent presque coupable.

Des contusions.
La perte de tout son matériel photo, vidéo.
Son eau.
Sa nourriture lyophilisée.

Il n'a gardé que deux choses : La vie. Et Heart is Hot 781.

« Curieusement », il avait sorti la veille de son sac à dos le cœur rouge et ambre en verre que je lui avais confié.

Plutôt que de transporter un caillou à serrer dans son poing lors d'un point de côté, il préférait serrer le Cœur.
Heart is Hot 781 était donc resté « par hasard » dans la poche de sa combinaison. Fermée par une fermeture éclair...

***
L'Amour fait des miracles

***

-14-

Il est dévasté.

Comme un zombie, il redescend vers le camp de base.

Kinamm, qui tient mieux le choc que lui, le porte sur son dos.
Et le pose de temps en temps. Il marche alors quelques mètres, et faiblit.

De nouveau, Kinamm le porte.

Lui, Chriss le costaud, est anéanti.

En vue du camp, ils s'assoient, Chriss entre les jambes de son sherpa. Et ensemble, ils glissent dans la neige… comme en luge.

L'émotion le submerge. « Pourquoi lui et pas moi ? »

Il en perd pour quelques jours toute la motivation. Une grosse dépression.

Et puis, l'acceptation arrive. Mais la rage ne s'en va pas.

Oui, son ami est mort… comme il l'aurait voulu.
Fou de montagne, il n'aurait pas souhaité mieux que cette mort-ci.
Mais lui terminera cette ascension. Ainsi, son guide ne sera pas mort pour rien. Il honorera sa mémoire en réussissant.

-15-

A 7500 kilomètres de là, du 15 au 20 avril, j'ai senti la Mort.

Comme une énorme dépression, sans raison.

Je n'ai pas fait le lien tout de suite.

Sans aucune communication avec Chriss ; il m'a fallu quelque temps pour connecter mon ressenti à ce qu'il pouvait vivre.

Je savais qu'il n'était pas touché.

Mais je savais aussi qu'Elle n'était pas passée loin.

***
Amor
L'Amour et la Mort,
ces deux là sont souvent liés.

***

-16-

Il a pris trois jours, seulement, pour récupérer.
Se rééquiper. Et repartir.

Les crevasses, recouvertes de neige par l'avalanche, n'étaient pas encore praticables. Il fallait attendre pour pouvoir refaire le tracé.

Son nouveau guide est espagnol. Son nouveau groupe, avec ses compagnons survivants, compte 60 personnes avec les sherpas.

-17-

Deuxième départ du camp de base.

Il est toujours 4 heures du matin. Le temps est toujours magnifique, comme la première fois.

Mais ce deuxième passage des crevasses n'a pas du tout la même saveur.
L'adrénaline est toujours là, mais elle est sinistre.

Savoir son ami au fond est éprouvant. Il ne pense qu'à lui.
Le groupe est tellement grand, l'attente pour franchir les échelles est interminable. Les craquements de la glace, insupportables.

Les chutes de séracs (blocs de glace qui se détachent) sont nombreuses et terrifiantes.

Chriss arrive enfin au Camp 1. Epuisé. Lessivé. Le corps en miettes. Vivant.

Il a trois jours pour s'acclimater à cette nouvelle altitude.

6100 mètres.

Encore 2750 à gravir.

-18-

Après avoir réalisé toutes les vérifications médicales nécessaires, l'ascension reprend.

Le manque d'oxygène se fait de plus en plus sentir, et l'acclimatation demande du temps. Sur la première journée de reprise, l'escalade puis la redescente vers le camp 1 s'est faite sans encombre ou difficulté majeure. Le temps était clément.

Même si la montagne protège du vent dans cette partie de l'ascension, la montée reste éprouvante physiquement. Plus l'altitude augmente, moins le corps a de puissance ou d'énergie. Un pas prend plusieurs secondes.

Les bouteilles d'oxygène déposées le long du chemin prennent tout leur sens.

Il fait moins 20°. Œdèmes pulmonaires ou cérébraux font partie du quotidien. Les abandons aussi. Tous les deux jours environ, le groupe perd l'un des ses membres.

Le temps de l'acclimatation au camp 2 (6500 mètres) dure trois jours.
Chriss apprécie le bonus donné par la Vie depuis l'avalanche. Il observe avec gratitude la chaîne de montagnes extraordinaire qui l'entoure. Le camp du dessous se voit quelquefois, par temps clair. On l'aperçoit en quelques petites taches.

Il n'y a plus de tente salle de bain, juste la tente médicale, et une autre, commune, pour partager une boisson chaude.

-19-

Départ du camp 2, montée vers le camp 3. Retour meurtrier au camp 2 pour la nuit.

Sur l'une des crêtes rocheuses, juste devant Chriss, l'un des alpinistes bascule.

Par réflexe, le sherpa qui lui est attaché se jette dans le vide de l'autre côté, pour faire contrepoids. L'alpiniste remonte avec difficulté. Le sherpa, lui, descend au fur et à mesure de la remontée de son partenaire. Il est trop lourd pour que l'autre puisse le remonter. Il se balance au bout de la cordée, et s'épuise, tout en épuisant son binôme.

Chriss le voit faire une ultime prière en levant les yeux au ciel, et couper sa corde.

Ce Mont est un cimetière.

L'homme a coupé la corde qui le tenait en vie pour sauver un touriste inconnu.

Etre dans le cœur au prix de sa vie…

***

L'ascension bouscule les échelles de valeur.

***

-20-

Camp 3.

7400 mètres. La vue est époustouflante.

Le temps est toujours clair, mais le vent souffle trop.

La montée vers le dernier camp, à 8000 mètres n'est pas possible.
Chriss a toujours plus l'envie de vaincre ce sommet. Pour lui. Pour son ami.

C'est déjà le 4 mai. L'ascension doit impérativement se faire avant le 15. Sinon, les chutes de neige seront trop importantes pour continuer, il faudra redescendre.

La « fenêtre » de possibilité d'ascension du Mont se réduit de plus en plus.

Chriss stresse plus pour le calendrier et le temps que pour le froid.

Il ne devrait peut être pas…

-21-

L'arrivée au camp 4 se fait dans la douleur. Comme avant, l'ascension s'est faite en deux temps : Camp 3 – Camp 4 – Camp 3, la première journée, avec la nuit au Camp 3.
Puis, Camp 4, le jour suivant, avec 3 nuits minimum sur le dernier campement avant le sommet.

A 8000 mètres, la « limite verticale » est franchie depuis bien longtemps.

Sa « limite verticale » à lui, c'est maintenant.

Ce n'est pas pour rien que l'endroit, à partir de là, s'appelle « zone de la Mort ». Le corps meurt, littéralement. Les organes n'ont plus assez d'oxygène pour être alimentés correctement, et ils se détériorent inexorablement.
Et Chriss n'a pas beaucoup de marge…

Céphalées, vertiges, troubles de l'équilibre. Les mouvements ne sont plus coordonnés, le cerveau ne transmet plus les informations correctement. Il pense « gauche » et bouge la main droite. Il veut boire, et attrape son piolet. Il s'observe, mais ne comprend pas.

Lassitude, insomnie, extrême fatigue, nausées, vomissements, les symptômes n'en finissent pas.

Chriss tousse. Il a mal aux poumons. A l'arrivée, il crache du sang. Il manque d'oxygène. Son rythme cardiaque est trop élevé. Il s'injecte un produit sensé stimuler la production de globules rouges. Le médicament quotidien ne suffit pas. L'injection non plus, d'ailleurs.

Il crache du sang. Agit comme un robot.

Il y a urgence.

L'équipe médicale l'a bien compris. Le caisson hyperbare du camp 4 est gonflé au plus vite. On le pousse à l'intérieur. Comme s'il descendait en altitude, la pression atmosphérique va s'adapter, lui permettant de récupérer et de se reposer.

Il y reste une petite nuit. Suffisamment pour dormir quelques heures d'affilée, sans réveil obligatoire au bout de 15 minutes. Le grand luxe.
A l'intérieur du caisson transparent, comme une bulle protectrice, il capte les bruits feutrés. Pas vraiment le silence, mais presque du coton dans les oreilles... Le vent qui souffle se fait moins violent, le craquement de la montagne moins sinistre, les gens autour de lui chuchotent.
Il reprend des forces.

Ce caisson lui sauve la vie.
Pourtant, il ne rêve que d'en sortir...

Enfermé dans ce duvet bien spécial, il bouge régulièrement tous ses membres. Pour faire circuler le sang.

Très souvent, les alpinistes perdent des membres, doigts, nez, oreilles. Si le sang gèle, le membre noircit, et il doit être amputé. Pour l'instant, Chriss y a échappé.

Il profite de son moment de répit, dans une atmosphère plus chargée en oxygène, pour informer tout son corps. Se nourrir à tous les niveaux, c'est maintenant : sommeil, circulation du sang, respiration.
Il s'alimente en énergie le plus possible.

Le mécanisme particulier du caisson est impressionnant, et coûte une petite fortune à faire fonctionner. Les médecins du camp 4, qui se relayent toutes les semaines, surveillent précisément tous les indicateurs vitaux.

Quand ils sont redevenus corrects, la pression du caisson se réajuste à l'altitude extérieure. Il reçoit une dernière injection, pour éviter les œdèmes pulmonaires, aider à l'élaboration des globules rouges, et permettre une acclimatation express.

Toutes proportions gardées, il va mieux.

En sortant de son sarcophage plastique diffuseur d'oxygène en cas d'urgence, tous lui recommandent d'abandonner. Redescendre.

C'est hors de question pour lui. Quitte à y laisser la vie, il ira jusqu'au bout.

Il mourra ici heureux, ou ne mourra pas.

La Vie en décidera.

-22-

12 mai 2016.

Enfin, c'est le grand jour.

Les conditions météo sont excellentes. C'est le moment d'y aller.

Le départ se fait de nuit, pour assurer la sécurité lors du passage sur les glaciers du sommet.

Un peu moins de 900 mètres et le but sera atteint.

L'avancée se fait sans penser. Le cerveau n'en a plus les moyens. Comme un automate, Chriss avance. Suit les cordes fixes. Bouteille d'oxygène et régulateur branché en permanence.

A 8500 mètres, juste après le « balcon », une petite plateforme à partir de laquelle il a assisté au grandiose spectacle du lever du soleil, le temps se gâte.

Le vent souffle trop. Il faut redescendre. Pour retenter sa chance.

Demain.

Peut-être.

-23-

13 mai 2016.

Reprendre la route vers le sommet, en plein milieu de la nuit.

Le corps de Chriss est tellement douloureux qu'il ne le sent plus.
Il ne pense plus. Ne réfléchit plus.
Il avance. Il grimpe. Il lutte.
Tout devient automatisme.

Le premier plateau est dépassé. Comme hier, le lever de soleil était magnifique. De si haut, les couleurs annonciatrices de l'aube se voient de très loin. Et durent l'éternité.

Il manque moins de 500 immenses mètres jusqu'au point culminant.

Chriss avance comme un robot. Pas à pas. Lentement mais sûrement. Avec pour unique pensée : là-haut.
Ne rien lâcher. Continuer.

Il fait − 40° et pourtant, il dégouline de sueur sous ses vêtements. Impossible de les enlever, le choc thermique serait instantanément fatal.

Le sommet Sud est atteint. Certains sont déjà en haut. Continuer.

Chriss est le dernier alpiniste du groupe, Kinamm toujours derrière lui.

Pour vaincre le sommet, suivre l'arête Sud-est. Une corniche très étroite. Fatale, le plus souvent. D'un coté,

2400 mètres de vide. De l'autre, 3050 mètres de dénivelé.
Au choix.

Et par endroits, quelques monticules, rochers couverts de neige, improbables au dessus des précipices.
C'est l'un d'entre eux qui a retenu Chriss quand il s'est effondré.
A bout.

Kinamm a juste eu le temps de tourner le dos à la montagne et planter son piolet. Par une chance inouïe, il n'a pas été déséquilibré.

Kinamm retient la corde à laquelle pend Chriss, et lui hurle de ne pas bouger.
Chriss n'en a ni l'envie, ni la force... il regarde le sommet... et il part...

La Petite Mort est là. L'ivresse de la montagne. Il lâche tout.
Son esprit s'envole, serein, enfin.
Il est bien et plus rien n'a d'importance. Il ne sent plus son corps, c'est formidable. Un état de bien-être incroyable.

Centimètres par centimètres, Kinamm le remonte. Il a enroulé la corde qui maintient Chriss dans le vide à son piolet. Le deuxième piolet sert de poulie.

Il est là pour lui.
Il le masse, lui parle, lui donne de l'eau, de l'oxygène, et le ramène, efficacement, dans l'enfer blanc.

Chriss se ressaisit. S'il attend trop longtemps, le manque d'oxygène le ferait s'endormir pour l'éternité. Il se remet en marche, zombie, mais heureux.

L'entrée du Mont se fait par le « ressaut Hillary ».
Douze mètres d'ascension verticale, à 8760 mètres d'altitude.

Au pied du ressaut, un cadavre, un autre. Il en a dépassé de nombreux aujourd'hui. Ils rappellent à chaque instant que rien n'est jamais gagné. L'inattention n'est pas permise ici.

Les cadavres restent sur place, ceux qui s'en sortent vivants n'ont de toutes façons pas la force de les redescendre. Ils congèlent et deviennent momifiés, puis brulés par le froid. Celui du bas du Ressaut Hillary a son sac à dos sur lui. Une façon d'« enterrer » le corps, de rendre hommage à l'alpiniste.

Les gestes de Chriss sont automatiques. Le plus précis possible, dans ces conditions. Il monte. Sans penser à rien.

Le danger est partout.

Il ne se relâche plus.

Le retiennent : les cordes.

Son mental d'acier.

Et la vue du sommet.

-24-

11h54.

Après plus de dix heures d'escalade, il s'effondre, en pleurs.

Sur le sol du Toit du Monde.

De joie. D'émotion. Tout change. Comme si son corps reprenait vie.

Il décrit cela comme « *un nirvana. Une jouissance extrême que tout homme et toute femme devrait pouvoir ressentir. Une force soudaine s'empare de tout mon être, et je me sens très étrange* ».

Les quelques membres du groupe ayant survécu sont déjà repartis. Il est le dernier en haut pour aujourd'hui, il profite.

Le sommet Pour-Lui-Tout-Seul.

40 minutes de pure beauté après avoir vécu l'enfer.

Un soleil magnifique. Une magique accalmie.
Un vent relativement violent, pourtant sans danger.

40 minutes de plénitude et de bien-être dont il s'imprègne pour toujours.

Il sait qu'il n'est plus le même homme. « *J'ai découvert quelque chose d'inexplicable dans mon corps et mon esprit* ».

Il a faim, alors, en regardant les reflets rouges et or du soleil sur toutes les chaînes de montagnes environnantes, il met la main à sa poche pour sortir une petite pâte de fruits. Toute dure, il la pense gelée...

Et de sa poche, il sort Heart is Hot 781, qu'il avait complètement oublié. La couleur du cœur en verre poli, rouge et or, est la même que celle du ciel. Il s'émerveille, et le souvenir de tous ses proches lui revient, ici, en plein désert de glace.

Tout en haut du Toit du Monde, il y a un petit autel...
Ceux qui y arrivent déposent quelque chose. Au début, en 1953, c'était un drapeau. Et depuis, des drapeaux de tous les pays flottent et congèlent à cet endroit. Des photos aussi.

Le 13 mai 2016 à 12h15, Chriss, lui, a déposé, protégé par un petit tas de neige, au sommet du monde, Heart is Hot 781, insufflé de l'énergie de guérisseurs du monde entier.

Oui, Heart is Hot est au bon endroit.

7 ans plus tard, il a enfin trouvé sa place.

Du plus haut point de la planète, il diffuse sur toute la Création l'Amour, la Compassion, le Pardon, la Guérison, et tant d'autres vibrations positives.

Il a de quoi s'occuper.

***
**La petite pierre que Chriss a apporté
à l'édifice de l'humanité
est en forme de cœur**
***

-25-

La météo change rapidement. Le soleil est haut dans le ciel. Il est temps de quitter les lieux.

Six heures de marche retour. La concentration est toujours plus que nécessaire.
L'épuisement. L'excitation.

Mais pas question de baisser la vigilance.

Les dangers sont les mêmes au retour qu'à l'aller.

Le Camp 4 sera rejoint vers 18h, ce 13 mai 2016.
Epuisé. Mais heureux.

Différent.

Oui, une grande partie de lui est morte sur ce Mont.
Et c'est tant mieux.

Il lui reste la gratitude d'être en vie.

Trois autres membres de l'expédition resteront à jamais en haut de leur rêve. L'un mort d'épuisement. L'autre, d'une chute. Le troisième, d'un œdème cérébral.

***
L'amour est le guide de l'ascension

***

-26-

A 7500 kilomètres de là, dans la nuit du 15 mai…

J'ai su qu'il avait réussi.

-27-

Le 23 mai, il est de retour au Camp de base, là où tout a commencé.

Soulagé. Heureux d'avoir réussi.

Et terriblement peiné de tant de pertes humaines.

Son ami resté là haut, Chriss le pleurera longtemps, il le sait.

A côté du lieu de la cérémonie du départ, se trouve une petite plaque commémorative pour tous les alpinistes sur place à jamais. C'est là que lors d'une cérémonie entre lui et lui, il laissera l'écharpe de soie blanche flotter au vent, à la mémoire de son ami disparu, et de tous ceux qu'il a côtoyé durant ces quelques semaines. Il n'oubliera pas. Son écharpe, infusée du parfum du haut de l'Everest tant convoité, sera leur linceul pour toute l'éternité.

Il est bouleversé. Encore. La nature est sans pitié, il l'a constaté.
Il le sait, personne, y compris lui-même, n'aurait parié sur lui.

***
**L'Amour a ses doutes, ses peurs,
mais réveille, toujours, l'envie d'aller plus loin.**

***

Il marchera encore pendant une semaine pour rejoindre Lukla.
Son corps flanche au fur et à mesure. Ses poumons lui font atrocement mal. Il n'arrive pas à récupérer. Chaque respiration est douloureuse.

Le lien qui s'est créé avec Kinamm est incroyable. Il lui doit la vie plusieurs fois. Tout en pudeur, son sherpa lui glissera qu'il est une « exception particulière ». Chriss en a les larmes aux yeux rien qu'en évoquant ce compliment.

Contrairement aux alpinistes dirigés par l'égo de rajouter l'Everest à leur palmarès, Chriss n'a jamais « utilisé » son sherpa accompagnateur. Ils étaient deux hommes, ensemble, égaux. Kinamm l'a apprécié pour cela.

En se séparant, ils s'échangent, plein d'émotions, gants et bonnet, tout un symbole.

-28-

Le retour à la « civilisation » est difficile.

Chriss étant déjà un peu ermite, ce trait ne fait que s'accentuer.

Le rappel, sur le Mont, des choses essentielles, lui a fait tout oublier... code de carte bleue, billet d'avion, nom de sa banque. Tout lui paraît surréaliste, et parfaitement stupide.

Il atterri en France le 2 juin. Direction... l'hôpital.

-29-

Début juin, un sms. Je ne l'attendais pas si tôt.

« Les 8850 mètres ont été gravis avec succès. J'ai failli mourir à plusieurs reprises (…). Le cœur du monde est au sommet ».

J'en ai des larmes de joie.
De gratitude. De Reconnaissance. De soulagement.

La connexion que nous avons est tellement… bizarre.
Karmique, je vous l'ai dit.

Encore une fois, je l'ai « senti ». Revenir.
Nous sommes en quelque sorte « connectés » l'un à l'autre. Hier soir, j'ai parlé de lui au dîner : « Tu sais, mon ami qui est parti pour l'Everest ? Je pense qu'il est de retour. Je sens qu'il a réussi, mais il a failli mourir ».
Ce matin. Ce texto.

***

Les synchronicités m'émerveillent à chaque fois.

***

J'aurais aimé pouvoir vous illustrer son périple de nombreuses et merveilleuses photos. Mais vous savez maintenant pourquoi vous n'aurez que le récit.

***

**Dans toute histoire d'Amour,
il y a quelques ingrédients indispensables.**

En particulier, la Confiance. Et la Foi.

***

Deuxième partie

-30-

Oui, Heart is Hot 781 était destiné à arriver au plus haut point de la planète...

Et je n'avais que peu de doutes quant à la réussite de Chriss. Pourquoi ?

D'abord parce que le connaissant, je savais qu'il se donnerait à fond pour son projet.

Lui donner une « mission » était aussi une façon de l'encourager à y arriver, et surtout j'espérais qu'il revienne nous le raconter... C'est vrai, je me suis posée la question : « Malade, n'a-t-il pas un peu l'idée d'aller terminer sa vie là haut ? Dans l'endroit qui le fait rêver depuis toujours ? Cette « mission » était peut être une façon de lui donner encore plus envie de se battre.

Mais surtout, parce qu'au vu de son chemin de vie, que ce soit lui qui dépose ce symbole de l'Amour et de la guérison là-haut était une évidence.

Voyez-vous, rien n'arrive pas hasard.
Et quelquefois, les liens tissés par la vie sont tellement étranges, entremêlés et gorgés de symboles que c'est en cela qu'elle est époustouflante.

Car la vie de Chriss n'a pas commencé dans l'Amour. Pas du tout, même.

Je le remercie du fond du cœur de m'autoriser à partager son histoire. Je sais combien cela est un challenge.
Et dans le même livre, je vous partage un peu de mon histoire... ce qui, toutes proportions gardées, en est un aussi.

Au fond de moi, je sais qu'une fois cette ascension terminée, et Heart is Hot 781 déposé à la place qui est la sienne, il reviendra transformé.

Et je l'espère, guéri.

-31-

Quand j'ai rencontré Chriss, je venais de découvrir un secret plutôt bien gardé :

Nous voilà en 1942, en pleine campagne sarthoise. Ma grand-mère est bonne, dans une grande maison de maîtres. Elle n'est pas allée à l'école bien longtemps, et pour aider la famille, elle travaille comme elle peut. Elle a 15 ans à peine.

Dans la même bâtisse, une boulangerie. Là travaille un jeune homme de quelques années de plus qu'elle. Il est commis boulanger.

Dans la chambre exigüe, sous la soupente, il vient assouvir ses besoins sur une gamine n'ayant aucune connaissance de la sexualité. Tellement peu qu'elle était incapable d'expliquer vraiment ce qu'il faisait. A l'époque, l'école était pour elle terminée, et l'éducation sexuelle de toutes façons inexistante.

Certes, elle se disait bien que ce n'était pas très normal. Et elle n'aimait pas « ça ». Mais le dire à qui ? Et pourquoi ? Elle avait trop peur d'être la fautive et d'en perdre sa place rémunérée. Très peu, mais rémunérée.

Enceinte ? Elle l'a découvert tardivement.

Par hasard même.

Ce sont de « gros maux de ventre » qui lui ont annoncé l'arrivée de son premier enfant. Une catastrophe pour elle. Elle se retrouve fille-mère à 16 ans, presqu'une condamnation dans la campagne de l'époque. Elle perd sa place. Pour subvenir à ses besoins et ceux de l'enfant, elle vend son lait maternel.

Ma mère est le deuxième enfant. Légal.
Car entre temps, ma grand-mère a épousé son violeur.
Mon grand-père, donc.
Que j'ai toujours beaucoup aimé. Et qui dans mon souvenir, était charmant, drôle, attentif. Guérisseur à ses heures. Alcoolique caché, mais notoire. Jamais devant nous.
En tout, ma grand-mère aura cinq enfants.

Donc, c'est cela : je viens d'apprendre que ma famille est née d'un viol.

Ma grand-mère est toujours en vie. Je vais la voir et l'interroge, estomaquée :
« Comment as-tu pu supporter ça ? Épouser ton violeur ? »

Aujourd'hui, c'est pour moi un choix inimaginable.

Elle m'explique :
« Tu sais, à l'époque, être fille-mère, cela ne se faisait pas. C'était vraiment mal vu. Une honte. Et puis, je n'avais pas d'argent. Il avait un travail, je n'en avais pas. Je n'aurais jamais pu élever mon enfant toute seule ».

Je continue : « Mais tu l'as aimé, quand même ? »
« Je crois. Je ne me suis jamais vraiment posé la question. Sans lui, je n'aurai pas pu nourrir mon enfant, mes enfants.» « La sexualité ? » « A l'époque, on ne se posait pas ses questions là. On ne divorçait pas, non plus »

70 ans plus tard, j'élève mon enfant seule.

***

**L'évolution, l'ascension, prend le temps dont elle a besoin.
Et se façonne dans la douleur.**

***

-32-

C'est donc à ce moment là... au moment précis où je me demandais comment il était possible de passer sa vie avec, voire d'aimer, un homme ayant fait une chose aussi abjecte, que j'ai rencontré Chriss.

Une attirance indéniable au premier regard, ou presque. Comme si nous nous re-connaissions.

D'abord un premier verre, transformé en un premier dîner dans la même soirée. Dîner magique ... qui s'éternise.

Dans la conversation, je pose les conditions qui sont pour moi nécessaires à une relation saine : « l'honnêteté, la transparence » et aussi « je préfère une vérité qui fait mal à un mensonge qui sera finalement découvert un jour ou l'autre...».
Notre dîner se transforme en dernier verre dans un club de billard presque désert. Musique brésilienne, et cocktail sans alcool.

Et là, ...son attitude change en quelques minutes. Son sourire franc se cache, sa posture s'écroule. Il me regarde droit dans les yeux et déclare qu'il accepte mes conditions.

Les larmes aux yeux, il continue :
« Si tu apprends d'une manière ou d'une autre ce que j'ai à te dire, je sais que je ne te reverrais plus. Je te perdrais, de toutes façons. Alors, tu m'as dit préférer « une vérité qui fait mal »... la voici... j'espère que tu peux assumer les conditions que tu poses...Voilà... (sa voix tremble, les larmes roulent sur ses joues). Je n'ai jamais partagé cela dans des conditions pareilles, auprès d'une femme qui me plaît. Je vais te perdre, mais je ne peux pas faire autrement...parce que tu me plais, je vais te le dire... quitte à te perdre plus tôt... Voilà...J'ai fait de la prison.
Pour viol. »

Je suis… stupéfaite… estomaquée… sans voix.

Ébranlée par la vérité.

Ebahie par son courage.

***
Les coïncidences n'existent pas…

***

Sur mes joues coulent aussi les larmes maintenant.
Je demande du temps…

-33-

Il m'aura fallu six mois.

Entre temps, nous nous sommes revus, trois fois.

La première fois, j'ai posé des tas de questions.
Pourquoi ? Comment ? La prison ? La fille ?

Il m'a tout raconté. Encore une fois, il a répondu à ce que j'avais demandé : L'honnêteté et la transparence.
Et de nouveau, je suis restée bouche bée. D'une telle franchise et d'un tel courage pour me raconter tout cela.
Et de rencontrer quelqu'un avec une histoire pareille juste au moment où je « travaille » psycho-énergétiquement sur mon histoire familiale.

Sa conception d'abord. Non, Chriss n'est pas né dans l'amour. Lui qui a risqué sa vie pour déposer Heart is Hot 781 sur le toit du monde n'a connu de l'amour que ses dysfonctionnements pendant très longtemps.

Il a été conçu dans la violence... puisque sa mère a vécu, entre 12 et 14 ans et à quelques autres sordides détails près, la même chose que ma grand-mère.
Il est donc l'enfant né d'un viol.

Son enfance ensuite. Sa mère s'est mariée au plus vite, et a eu un autre fils, puis une fille.
A l'âge de 6 ans, Chriss l'enfant insupporté était devenu insupportable.
Plaintes à répétition du voisinage pour comportement outrageux et nombreuses bêtises.

Services sociaux, gendarmerie, police.

A chaque intervention, les services de l'état insistaient :
« Ressaisissez-vous vite, Madame, prenez en charge votre enfant ».
Bien sûr, les grosses bêtises de Chriss n'avaient que cet objectif. Qu'on s'occupe de lui... lui, le bâtard de la famille... pièce non voulue et un peu trop envahissante...

La DDASS est finalement intervenue pour le placer en foyer. A 6 ans, on lui a « retiré sa mère ». Pour compenser, celle-ci ne l'a pas laissé y aller seul.
Elle a aussi envoyé le petit frère. Ainsi, ils seraient deux...

Puis, bien cachée, l'horreur a continué.
Chriss, l'enfant non aimable, s'était trouvé un substitut de père. Un éducateur gentil avec lui. Un peu trop gentil. Il lui manifestait un intérêt particulier, mais pas désintéressé.
De 8 à 10 ans, Chriss a été abusé sexuellement des dizaines de fois. Menacé, Chriss se taisait. Cet « éducateur », veilleur de nuit qui plus est, a fait des dizaines de petites victimes. Y compris son frère. C'est quand Chriss l'a découvert qu'il a enfin osé parler. L'homme a été arrêté. Interpellé. Condamné et emprisonné.
Il est mort en prison, quelques années après.
Pour Chriss, la justice a décidé... 500 francs de dommages et intérêts !
Enfant non reconnu, son calvaire ne l'a pas été non plus.

Coup de grâce, quelques mois plus tard. Il retrouve inanimé, ensanglanté et sans vie le corps de sa petite amoureuse et confidente, celle qui par sa seule présence le transformait de chenille en papillon et permettait à son cœur de s'ouvrir enfin pour quelques minutes ...
Cette nouvelle injustice de la vie l'achève. La seule lumière de sa vie d'enfant est anéantie. Il entre dans la nuit noire.
Sa rage est immense.
Il fugue. Trois jours.
Retrouvé, il fait son premier séjour en hôpital psychiatrique.
Mais le deuil ne se fera jamais.

Sa mère les reprend enfin, son frère et lui. Maintenant seule avec trois enfants, de temps en temps, elle souffle en

les déposant le week-end chez sa mère à elle. La grand-mère de Chriss, donc. Marié avec un type, alcoolique.
Un soir, il a coincé Chriss dans les toilettes, l'a tripoté, obligé à faire une fellation, violé, de nouveau. Lui, et son frère. L'homme a été interpellé. Condamné. Emprisonné.
On dirait que l'histoire ne s'arrête jamais.

Quand on est né dans l'horreur, le sordide s'accroche plus facilement.

Sa mère a de nouveau récupéré ses enfants, et quitté sa ville d'origine pour une autre, espérant enfin changer la donne.

Autre foyer, mais presque la même histoire. Lors d'une promenade en groupe, près d'un étang. Une bande d'adolescents du foyer. Plus costauds, et surtout, nombreux. Viol collectif. Ils n'ont même pas été condamnés, ils étaient mineurs. Dans le même foyer que lui.

A 16 ans, il quitté le foyer de l'horreur, pour retourner chez sa mère.

Il en est parti aussi vite que possible.

Drogue, pour oublier.
Drogue et petite délinquance.
Drogue, petite délinquance, et sexe.

Etonnamment, il trouve du travail.

Et une compagne, de deux fois son âge. Elle cherchait un géniteur pour son enfant, il ne le savait pas. Père à 17 ans.
Il fuit.

Autre compagne, l'enfant est cette fois désirée, mais le couple ne tient pas.

Difficile d'expérimenter l'amour quand on ne sait pas à quoi il ressemble.

Et puis, le point où tout bascule. Il est DJ dans une soirée techno. 3000 personnes présentes. Abruti de musique, et de drogue, il ne se rappelle de rien.

La fille était mineure, il ne le savait pas.

On est venu le chercher au matin, avec les menottes.

Il n'avait aucune idée du pourquoi.

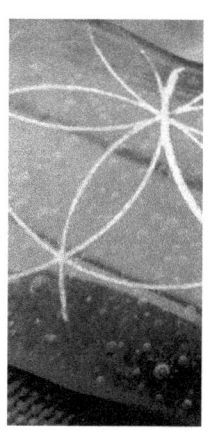

Troisième partie

-34-

Un autre type d'enfer commence alors.

Par 48 heures de garde à vue.

Comme dans les films, ils sont deux policiers pour l'interrogatoire.

Le « gentil », pour obtenir une partie des informations en douceur. Encore défoncé de la veille, Chriss a du mal à répondre aux questions. Quelques flashs, à peine, qu'il ne peut décrypter.

Le « méchant », pour le faire « craquer ».
Le coup le surprend : « Est-ce que c'est quelque chose dont vous avez vous-même été victime ? ».

Là, Chriss s'effondre. Toujours menotté, il se met à pleurer en se roulant par terre comme le môme paumé qu'il est.

Incontrôlable. Inconsolable.

Il ne comprendra que plus tard : pour les policiers, c'est l'« aveu » qu'ils espéraient. Si ça lui est arrivé, il est logique qu'il le reproduise. CQFD.

Pour Chriss, c'est plutôt…le début de la fin.

-35-

Placement en maison d'arrêt, l'endroit où les prévenus attendent d'être jugés.

C'est trop pour lui. Encore en manque, il est incapable de réfléchir. La seule chose qu'il sait ? Il n'a aucune envie de faire de vieux os là-dedans.

Il dénoue le lacet de sa chaussure, l'enroule autour de son cou et se pend au lit supérieur sensé lui servir de couchette.

C'était l'heure du repas, il a été retrouvé trop vite.

Suffocant, mais encore vivant.

Il est hospitalisé quelques jours,

Quand il sort, il est envoyé à l'isolement directement... Le temps du sevrage. La liste des drogues qu'il prenait est tellement longue que la désintoxication est en conséquence. Brutale.

Abandon, humiliations, viols, tous ses démons surgissent en même temps. Il revoit tout. Les « hallucinations » sont si réelles qu'il passe ses journées à hurler. Son cerveau, après avoir effacé ces images grâce aux drogues, lui fait tout revivre en les laissant s'échapper.
Le corps fait la même chose. Vomissements, perte totale de contrôle. Il lâche et évacue comme il peut.

Le manque est insoutenable. Tout vient de changer. En fait, là, Chriss n'a plus du tout envie de mourir. Juste besoin d'avoir sa dose.

Pour essayer d'annihiler ses visions, il se projette violemment contre les murs, la tête la première.

Au vu de l'expérience récente, l'administration pénitentiaire prend ça très au sérieux. Pour le sauver d'un autre type de suicide, on le menotte donc aux quatre coins du lit, avec une entrave (barre transversale) entre les pieds pour empêcher tout mouvement.

Des années plus tard, il parle encore de ce moment comme le pire cauchemar de sa vie.

Des nuits entières sans dormir.

A grelotter intérieurement tout en suant extérieurement.

A lutter psychologiquement contre les exigences du corps.

Une première préparation, sans le savoir, pour son rêve ultime. Selon lui, encore aujourd'hui, c'était « trois fois l'Everest ».

***

Il existe des ascensions qui taisent bien leur nom.

***

Huit mois de drogue de synthèse seront nécessaires pour l'aider à décrocher totalement.

Retour en maison d'arrêt après une dizaine de jours…

Comme il le fera des années plus tard sur le Mont, il va faire des allers retours entre les camps…

Monter, descendre, monter encore, s'acclimater …

-36-

Chriss découvre la cellule dans laquelle il va passer deux ans. Ils seront 6, dans 9 mètres carrés : deux lits superposés, et deux matelas par terre.

On lui a assigné un psychiatre. Il espérait une aide, c'est raté. Il devrait « penser à la victime », « accepter qu'il a fait une erreur et qu'il doit la payer ». Il ne le sait malheureusement que trop bien. Et ça ne l'aide pas du tout de se savoir maintenant du côté des abuseurs.
L'autre rôle du psychiatre ? Distribuer des médicaments.

Qu'à cela ne tienne. Chriss les prend volontiers... et les stocke, sous la langue, 30 jours d'affilée... Il préfère tout prendre d'un coup, ca ira plus vite...
Soixante cachets des antidépresseurs et psychotropes les plus forts du marché, ça devrait marcher.

Non.

Cinq jours de coma.
Avec en prime, un lavage d'estomac.
Hautement intrusif. Encore un viol. Médical, celui là.

Seul « avantage », la chambre individuelle à l'hôpital durant quelques jours, mais... menotté au lit (encore) avec un policier de faction à la porte de sa chambre.

Cette prison lui sauve la vie.
Pourtant, il ne rêve que d'en sortir.

Retour à la maison d'arrêt.

-37-

Il est maintenant considéré comme un prévenu « fragile ».
Ce qui implique une surveillance plus rapprochée : toutes les deux heures, le judas de la cellule s'ouvre pour vérifier qu'il est en vie.

Sa troisième tentative se fera aux lames de rasoirs jetables.

Il a prévu un seau d'eau, pour que le sang ne puisse pas coaguler, ni les plaies cicatriser. Il commence à se scarifier à minuit. Tout le monde est couché, et le surveillant vient de passer.
Il voit d'abord trouble, faiblit, et s'évanouit enfin…

La notion de temps n'existe plus en prison… pour les prisonniers.
Mais le surveillant est arrivé exactement deux heures plus tard.
Suffisamment tôt, en fait, pour récupérer Chriss avant le grand voyage.

Trois jours d'hospitalisation…

***

**La Mort par manque d'Amour,
ces deux là sont souvent liés.**

***

Retour à la maison d'arrêt.

Convocation chez le directeur. Entre Chriss qui ne veut plus rien, et le responsable des lieux, un compromis est trouvé. Il ira à l'UPH, Unité Psychiatrique d'Hospitalisation, au cœur de la prison de Fresnes.

Cellule individuelle, suivi médical intensif. Cour de promenade séparée de la maison d'arrêt.

Il restera là 10 mois, toujours en attente de son procès.

La surveillance se fait maintenant toutes les heures. L'infirmier vérifie si tous les médicaments sont bien avalés.

Il est tellement drogué, de médicaments cette fois, qu'il ne bouge plus de son lit.

Il atteint 120 kilos. Il n'en faisait que 65 au moment de son interpellation, un an auparavant.

Phlébite, puis embolie pulmonaire.

« Je n'ai pas planifié ce suicide-là, mais c'est peut-être enfin le bon », se dit-il.

Non plus.

C'est même grâce à cet autre faux départ que sa maladie dégénérative des poumons sera détectée.

Et finalement, commencent à arriver de petites lumières…

Le séjour à l'UPH serait-il plutôt le début d'une embellie ?

D'abord, grâce au suivi psychologique.

Plusieurs fois par semaine. Avec deux psychiatres, un homme et une femme, et une psychologue. Une réelle prise en charge, sans jugement.
Il lui est impossible au début de parler de lui. Lui le fruit de la violence, non voulu, non aimé, le brisé, le désarmé, seul dans un vide abyssal… « Quoi dire, finalement ? ».

Avec cette équipe, à l'écoute et soutenante, une première pour lui, il apprend, à son rythme, à décrire ses maux en mots... Ils l'aident à comprendre comment l'histoire s'est tissée.

En l'accompagnant à oser mettre en lumière les ténèbres qu'il a traversé, oser les dire, les ressentir, il commence petit à petit à les transmuter pour les atténuer.

Il découvre la possibilité d'un choix : briser ses propres chaines.

Le changement de cap intérieur est subtil, imperceptible encore, mais il est là.

Un début de randonnée. Une amorce d'escalade...
Le chemin sera long.

« J'ai eu de la chance de tomber sur ces gens là ».
Vingt ans plus tard, moi, c'est le « J'ai eu de la chance... » qui m'interpelle.

Arrive une deuxième petite lumière.

Elle s'appelle Roberte.
Récemment retraitée, elle est visiteuse bénévole à la prison. Elle vient passer un peu de temps avec les oubliés... ceux que personne ne vient jamais voir.
Ensemble, ils discutent, parlent de la vie à l'extérieur, jouent. Elle lui offre la location de la télé, seul reflet de l'extérieur (30 euros par mois). Lui envoie un mandat de temps en temps, pour un extra de Nutella sur une biscotte. Et surtout, vient le voir régulièrement.

Roberte est le lien. Son guide. Son Sherpa.

Le Kinamm de la prison.

***
L'amour est le guide de l'ascension

***

-39-

Chriss n'aura pas pu tout faire à la fois. Commencer à se reconstruire ou se défendre. Il a fait le plus urgent.

Quand son procès arrive, il reste spectateur.

De mauvais choix en désintérêt, il n'a pas su organiser sa défense. Encore une fois.

Mauvais choix, avec le recul, car malgré la rencontre avec un avocat sous astreinte le premier soir, sa haine des hommes lui a fait choisir une femme avocate. Il l'espérait plus à l'écoute et plus sensible à son cas.
Mère de famille, elle s'est avérée plus à l'écoute de la victime que de son client.

Manque d'intérêt, puisque malgré deux ans d'instruction, et trois expertises psychiatriques, il n'a rien fait pour mettre en avant ce qui aurait pu permettre d'alléger sa peine.

Son seul plan était de mourir avant.

Son dossier est passé aux assises, classé comme affaire criminelle.

Viscéralement allergique à la comédie humaine, et toujours sous antidépresseurs, il a sciemment refusé de jouer l'acteur dans ce qu'il a considéré être la pièce de théâtre de son procès. Il ne ressentait que du mépris pour ceux prétendant pouvoir le juger sans avoir eux-mêmes traversé au moins une petite partie de son calvaire.

Et puis, se condamnant lui-même d'être passé du côté sombre, il trouvait normal d'être condamné.

Certes, il a exprimé des remords profonds devant la victime, montrant qu'il avait toute conscience de l'avoir détruite.

Mais il ne s'est pas excusé. Il n'a pas pu. « Cela n'aurait servi à rien ». Car sa faute est inexcusable. Impardonnable. Il ne le sait que trop bien. Puisque lui-même n'a jamais pu pardonner ni à son géniteur, ni à ses bourreaux.

La sentence est tombée : douze ans.

Moins les deux déjà effectués en maison d'arrêt.
Plus que dix …

De là où il est, le sommet de la liberté est encore inaccessible …à des années lumière.

-40-

Le voilà transféré en centre de détention.
9 m2 pour lui tout seul.
Presque une première libération.

Après plusieurs mois d'observation, histoire de trouver ses marques, il se fixe enfin un objectif ... : Sortir-de-là-au-plus-vite.

Le début de l'ascension...

Les 8848 premiers mètres de sa première expédition.

Pour se mettre en route, il n'y a qu'une seule clé : la bonne conduite. Tous les efforts à la réinsertion permettent d'obtenir des grâces de la part de la Juge d'Application des Peines : 3 mois de grâce possibles tous les ans, pour un an de bonne conduite !

Une fois qu'il a compris ça, pour ne plus tomber, il s'encorde...

...A tous les stages de remise à niveau professionnelle proposés. Equivalence du CAP. Techniques de commercialisation. Tout y passe.

...A la bibliothèque interne. C'est en prison qu'il lira un livre en entier pour la première fois : « La chasse à courre » de Maurice Sachs...

...A l'aumônier. Il assiste à l'office toutes les semaines. Plus pour la salle de musique que pour la messe... il y a découvert un synthétiseur de qualité, et répète deux à trois fois par semaine avec deux co-détenus musiciens... De disc-jockey, il évolue donc vers musicien d'offices et de messes de Noël.

...A tous les petits boulots possibles : mise de bougies dans des cartons par exemple. Cela permet de cantiner (avoir un petit peu de sous pour agrémenter le quotidien : une tablette de chocolat, une carte téléphonique).

...Et, toujours, à Roberte, la fidèle, qui l'appelle, lui écrit, prend de ses nouvelles quand elle ne peut pas se déplacer.

Le psychologue qui suit Chriss a changé. L'équipe est moins soutenante, mais Chriss randonne enfin sur une pente ascendante...

***

L'ascension n'est pas affaire d'égo, mais d'humilité.

***

-41-

Finalement, il décide de reprendre de vraies études.

Pour, encore, préparer sa réinsertion.
Se garder la tête occupée, éviter de trop penser.
Se donner un but, se prouver qu'il est capable.
Et reprendre progressivement contact avec l'extérieur de manière saine.

Il commence par une formation professionnelle de cuisinier.
Pourquoi ?
« Au moins, j'étais sûr de bien manger pendant 9 mois ».

La formation inclut des stages en entreprise.

Il a encore une gratitude immense pour le patron de cette entreprise, qui venait le chercher tous les matins à la sortie de la prison, et le ramenait tous les soirs.

Progressivement, des liens se créent avec lui, et même avec sa famille. Chriss découvre quelque chose d'exceptionnel : la confiance.

Il s'applique, et obtient son diplôme haut la main…

Les plats à réaliser sont tirés au sort.

Celui qui lui est attribué ?
Filet de sole « bonne femme ».

***
L'Univers fait quelquefois de drôles de clins d'œil

***

-42-

Il y prend goût.

Et décide de continuer par un CAP pâtissier.
Il a besoin de douceurs.

Cette fois, la formation se fait dans une autre région.
Décidé, il change de centre de détention, pour les neuf mois suivants.

Sa formation se passe dans les meilleures conditions.
Son dossier est maintenant apprécié. Ses efforts validés, la bonne conduite lui permet un à-priori favorable.

Pour la première fois depuis des années, il demande une permission de sortie.

Acceptée.

Une journée, avec retour obligatoire avant 17h.

L'extraordinaire est dans l'ordinaire.
Cette sortie en est la preuve.

Enthousiasmé, il se retrouve dehors…

Terrorisé.

Le retour à la « civilisation » s'avère difficile.

La découverte, « à l'intérieur », des choses essentielles, lui a fait tout oublier…

Sa vision n'est plus adaptée. Habitué depuis plusieurs années à une vision limitée, avec pour seul horizon les barreaux et le mur de sa cellule, le large espace d'une avenue lui donne le vertige.

La foule l'asphyxie. Le bruit l'affole. La vitesse, les voitures, l'argent... Tout lui paraît surréaliste.

Il panique. La tête lui tourne. Le soir, à 17h pile, il est presque soulagé de se retrouver en sécurité dans sa cellule.

Pourtant, il redemandera régulièrement des permissions de sortie. Toutes accordées. Une tous les deux mois. De un à trois jours maximum.
Pour s'entraîner.

Petit à petit, il reprendra contact avec les liens du sang.
Avec sa mère.
Avec ses filles.
Il n'a aucune notion de ce qu'est « une famille ».
Rien n'est facile.
Mais certaines de ses (re) prises de contact ont abouti. Pas toutes : Il y travaille encore aujourd'hui.

Son amour de jeune homme reprend contact avec lui.
Il se réjouit d'un autre appel régulier que celui de Roberte.

Il se reprend à rêver la possibilité de revoir la beauté.
Imaginer le vent, ré-apprivoiser l'espace.

Se souvient de ses voyages passés à visiter le monde.
Il les a faits pour oublier, fuir sa réalité. Il espère pouvoir faire les prochains en conscience.

Il se nourrit émotionnellement de la possibilité de liberté, c'est son seul ancrage à la vie. C'est sûr, s'il sort de là, il profitera de sa liberté comme jamais il n'aurait pu l'imaginer.

***
L'ascension bouscule les échelles de valeur.
***

-43-

« Pointeur ». C'est comme ça qu'on appelle les violeurs derrière les barreaux. Et c'est une très mauvaise étiquette. Cela lui vaut... une dernière attaque en bande.

Mais quelque chose a changé.

Pour la première fois de sa vie, il se défend.

Avec pour seule arme un stylo à bille pointé sur la carotide de son agresseur, pour la première fois, il échappe au supplice qu'il connait trop.

***

C'est quand une situation récurrente s'interrompt que l'on mesure le chemin intérieur parcouru.

***

-44-

La prison a été pour lui salvatrice.

L'intervalle nécessaire pour se remettre d'aplomb.

Petit à petit, sortir de la pénombre et nettoyer le passé.

Le chemin était escarpé vers plus de lumière.

Il a eu sept ans.

Pour réfléchir. Analyser. Comprendre.
Accepter.
Se repentir.
Evoluer. Grandir.

Dans 9 m2.

***
**L'évolution, l'ascension, prend le temps
dont elle a besoin.
Et se façonne dans la douleur.**

***

Le jour de sa sortie, il était seul.

Personne pour l'attendre.

Juste lui, prêt à recommencer sa vie.

Avec un sac à dos juste un petit peu moins lourd.

Quatrième partie

-45-

C'était il y a plus de 20 ans.

Cela fait donc autant de temps qu'il ne boit plus. Ne fume pas. Ne prend ni ne fait rien d'illicite. Respecte les limitations de vitesse. Tout.
Trop peur d'être de nouveau enfermé.

C'est maintenant l'homme le plus heureux de vivre que je connaisse. Respectueux des femmes comme rarement.
Comme s'il rachetait son geste au quotidien.
Malgré son passé sordide, résolument positif.

Le vent sur son visage le met en joie, ça lui a trop manqué.
Incapable de rester 6 semaines au même endroit.
Il faut qu'il bouge pour se sentir libre.
Il a besoin de grands espaces.
C'est ce qui lui plaît dans la montagne.

Il me confie les larmes aux yeux qu'il n'y a pas une journée qui ne se passe sans qu'il pense à cette fille. Il est désespérément désolé.

Il a payé sa dette à la société, mais lui, ne se le pardonnera pas. Il ne sait que trop bien ce qu'elle devra dépasser pour vivre avec cette blessure intime.

-46-

La deuxième fois que nous nous sommes vus, nous avons parlé Confiance.

Il m'a dit que je n'aurais jamais confiance en lui.
J'ai répondu que je travaillais sur le sujet.

Voyez-vous, je suis thérapeute. Psycho-énergéticienne.
Je reçois régulièrement des victimes.
Je n'avais jamais encore rencontré d'agresseur.

Maintenant que je connais son histoire, j'ai bien conscience que son chemin de vie l'a fait subir cet outrage bien plus souvent que lui ne l'a perpétué.

Ma vision est que l'âme choisit l'expérience terrestre dont elle a besoin pour comprendre une problématique. Elle espère ainsi la dépasser pour pouvoir évoluer. Chriss a fait fort. Il a expérimenté l'ensemble des possibilités du viol en une seule incarnation.

Ce qu'il m'explique fait froid dans le dos « Tous les hommes en prison avec ce chef d'accusation en ont été eux-mêmes les victimes. Tous. ».

Cela change ma perspective.

Pourtant, en tant que femme, je ne suis pas certaine de pouvoir assumer « ça ».

J'apprends à ne pas penser à lui par le prisme de son acte passé, mais à le voir au présent, pour ce qu'il est aujourd'hui. Pour ses actions présentes. Lui permettre ainsi de réparer son futur...

J'ai toute conscience que notre rencontre n'était pas fortuite. Cette « coïncidence » n'en est clairement pas une.

Je posais la question à ma grand-mère « Comment ton violeur pouvait-il être aimable ? »

La Vie m'a envoyé le nécessaire pour comprendre sa réponse à ma question...

-47-

La troisième fois, j'étais prête.

J'ai choisi à un moment de considérer ses actions actuelles, et non voir le gamin irresponsable et paumé ayant perpétué cet acte affreux.

Il ne l'était plus. Son amour d'enfance enfin divorcée, elle était la seule (autre que moi) à connaître son histoire depuis le début.

La preuve, pour moi, que cette rencontre, karmique, n'avait d'autre but que de nous faire avancer, l'un et l'autre, vers plus d'acceptation.

Nous nous sommes donc dit « Au revoir ».
Nous sommes remerciés.

Le fait qu'une femme arrive à l'accepter malgré le noyau sombre de ce qu'il a fait et ne pourra jamais se pardonner lui-même, lui a permis de découvrir qu'il était aimable pour l'ensemble de qui il est aujourd'hui.

En découvrant son histoire et l'acceptant, j'ai gagné en compassion, en empathie, en compréhension sans jugement.

J'ai aussi compris comment ma grand-mère avait pu parvenir à aimer mon grand-père.

On a pleuré ensemble. Comme une guérison karmique, une lignée familiale qui se nettoie des deux côtés.

Il m'était envoyé pour ça, je lui étais envoyée pour ça.

-48-

Finalement, nous nous revoyons de temps en temps.

C'est un ami sincère.

Toujours prêt à aider. Quitte à faire 800 kilomètres pour me dépanner.

Energéticienne, mon expérience et les études que j'ai suivi aux Etats Unis dans ce domaine m'ont permis de développer un ressenti très important. Cela me permet d'aider aux mieux mes clients.
Je « lis » et « ressens » leurs émotions.

Chriss n'est pas mon client. Pourtant, notre connexion « karmique » est tellement forte, je « sens » quand il arrive dans le département.

-49-

Vous l'avez compris, Chriss déposant ce symbole, L'Amour, sur le toit du monde, c'était sa propre guérison...
Le point final à son travail personnel. La preuve de son évolution spirituelle dans cette incarnation.

Dans mon travail, j'aide aussi à faire des liens, à mettre du sens à ce que l'on vit.

Pour moi, c'est évident : Personne d'autre que lui n'aurait pu aller déposer ce magnifique Heart is Hot 781, cœur en verre poli, sur le plus haut point de la planète.

Sur ce petit tas de neige blanc et pur, sous un ciel immaculé, par -40° celsius se trouvent...

Le pardon.
La guérison.
La beauté.
L'amour.
L'amitié.
L'espérance.

ET sa rédemption

Depuis le 13 mai 2016, grâce à lui, Heart is Hot 781 diffuse toutes ces magnifiques vibrations, pour tous, depuis le toit du Monde.

Et pour cela, vraiment, MERCI !

Ma gratitude est infinie.

Conclusion

-50-

J'aurais tellement aimé pouvoir vous annoncer sa réussite ET sa guérison.
Ce n'est pas le cas.

A son arrivée, il a d'abord pris le temps nécessaire pour assister aux obsèques en France de son ami guide.
Puis, il a séjourné à l'hôpital. Plusieurs semaines.
En France, en Suisse.

Amaigri de 15 kilos, son œdème pulmonaire, mal cicatrisé et toujours infecté, a été fatal à un de ses poumons, qui s'est arrêté.

Sa maladie, Déficit Alpha 1, s'est accentuée.
Son arythmie est plus forte que jamais, son système rénal plus faible que jamais.

Bref, les problématiques d'avant le départ sont toujours là.
En pire.

Il n'est bien sûr pas greffable, au vu des pathologies dégénératives qu'il collectionne.
Le moindre effort lui est pénible.

Les médecins ont diminué encore une fois leur pronostic vital… deux toutes petites années, maximum. Selon eux.
Il leur a rigolé au nez : « J'ai quand même fait l'Everest ».

Il parle en toussant comme un fumeur de longue durée.
Essoufflé pour un rien.
Pourtant, hors de question pour lui de s'enfermer à l'hôpital.

Il m'a prévenue, mais je le pressentais déjà. Son départ, il le fera libre, à sa manière.

Quand il sentira le moment venu, un ultime appel pour me saluer et je saurai.
Il partira pour son ultime randonnée.
Quitter la terre à SA façon.

Bientôt, je le sais, sa liberté sera telle qu'il flottera au dessus des montagnes qui lui sont chères. Pur esprit.

En attendant, après chaque examen, il remonte sur ses montagnes, au dessus du Lac de Genève, et dort dans sa voiture. Il randonne et ascensionne tant qu'il le peut encore, à son rythme, et surtout, seul.

Cette ascension infernale l'a rendu encore plus solitaire, encore plus méfiant des hommes et de leur organisation.
Il est bien au milieu des arbres et des montagnes.

Un néo-ermite.

Il prend son temps pour redescendre parmi la société, bien qu'il n'en ait pas vraiment l'envie.

Il découvre d'autres moyens de se soigner, et encore et toujours, de s'améliorer.
Il médite. Se remet à lire.
Continue d'appeler Roberte régulièrement.
Développe la compassion.

Le pardon il n'a pas encore réussi.
Ni pour ses bourreaux.
Ni pour ce qu'il a fait, lui. Il sait qu'il a ruiné la vie d'une femme, et de cela, il est inconsolable.

Et il cultive, encore et toujours, sa nécessité de liberté.

-51-

Je ne l'ai revu que peu de fois, après son retour.

Son énergie, sa lumière ont changé.

C'est un homme qui n'a plus peur de la mort.
Ni de la Vie.
Il est en paix.
Il a compris :

***
La mort n'est qu'un passage.
Tout comme la Vie.
Un simple changement d'adresse cosmique.

***

Il a donné du sens à l'horreur qu'il a vécu.
Il a trouvé en elle la rage de se battre pour aller jusqu'en haut du Mont. Au moins, elle aura servi à cela.

Il a aussi compris que son ascension était autant spirituelle que physique.

Il prend maintenant le temps de méditer au quotidien.
Il a découvert l'auto-hypnose grâce à ses 15 minutes maximum de sommeil.
Il a gagné en self control. En amour de lui.
En compréhension humaine.
En acceptation.
En sagesse.

-52-

Il a accepté de me laisser écrire son histoire, et je l'en remercie.

Nous en avons longuement discuté, la dernière fois que l'on s'est vus.

Notre intention pour ce livre : Faire connaître l'histoire de Heart is Hot 781, certes. Et surtout, la sienne.
Pour, nous l'espérons, ramener la compassion, la guérison, l'espoir, et un peu plus d'amour dans notre société.

Oui, tout est toujours possible.
Un autre choix est toujours envisageable.

Selon lui, jusqu'à cette ascension, il avait complètement raté sa vie.
Pire, en ruinant celle d'une autre.

Mais de savoir que peut-être, le partage de son histoire pourrait aider à modifier les consciences vers plus d'amour de l'autre donnerait, finalement, un sens extraordinaire à sa traversée de l'horreur.

Il le sait, des bas-fonds au plus haut point de la Terre, du plus sombre au plus lumineux, ce récit ne laissera personne indifférent.

Victime du pire, même si pour lui cela n'excusera jamais ce qu'il a fait, il sait que les réactions à son histoire pourront être violentes pour le lecteur, et surtout, pour la lectrice.

On aimera ou on le détestera.

Il espère que certaines personnes pourront transformer cela en ré-actions, en auto-interrogations, en jugements différents, en prise de conscience.

Car, comme lui, chacun a le choix de regarder le plus noir ou le plus blanc.
Finalement, la vie n'est qu'un mélange de couleurs ...

Pour pouvoir se transformer, le sombre doit être mis en lumière.
C'est ce qu'il vient d'accepter de faire.
Pour vous.
Pour vous montrer le chemin.

Car, malgré tout,

Cet homme est un exemple pour tous ceux qui sont condamnés...

Par les jugements et qui renoncent à croire en eux,

Par leur culpabilité et leur incapacité de se pardonner,

Par la justice et qui pensent que leur vie est foutue,

Par la médecine et qui ne se battent même plus.

***
La vulnérabilité est la plénitude de la force.

***

-53-

J'ai reçu son appel hier...

Et aujourd'hui, je pleure doucement.

Sa liberté est maintenant totale.

Mais le vide, immense...

Postface et Remerciements

-Postface-

Je dois vous l'avouer, ce texte m'a été refusé par de nombreux éditeurs. Pourtant, ce n'est pas mon premier livre…Mais, c'est mon premier « roman ».

Malgré leurs compliments à tous, et les critiques magnifiques que j'ai reçues de plusieurs professionnels de l'édition et de l'écriture à la lecture du texte que vous venez de découvrir, ils n'ont pas choisi de l'éditer.
Pourquoi ?
« Pas dans les cases », « trop court », « pas applicable au marché du roman actuel », « pas dans la ligne éditoriale malgré un texte magnifique »…

Je me suis d'abord dit que ce texte parlant de quelqu'un d'exceptionnel capable de faire quelque chose d'exceptionnel, je trouverais forcément un éditeur capable de publier quelque chose d'impubliable…

Mais non….

J'ai donc appliqué à moi-même ce que vous avez découvert dans ce livre, et que j'explique régulièrement à mes clients, à savoir que

***
C'est la façon de regarder notre vie qui la détermine.
***

Aussi, au lieu de me lamenter sur le fait que mon manuscrit ait été refusé, et bien, j'ai décidé que c'était certainement une chance pour moi !
Que j'allais faire différemment et que la Vie, l'Univers, vous appelez cela comme vous voulez, me donnait l'occasion de progresser, en explorant une nouvelle possibilité….

Ce texte est donc aujourd'hui édité par la seule personne capable de prendre le risque de publier un ouvrage ne rentrant pas dans les cases : moi-même...

J'espère donc que ce livre, qui reste dans la continuité de ce que je présente régulièrement dans mes autres ouvrages sur l'énergétique, vous aura amené quelque chose de nouveau, ou même, vous aura bousculé et fait avancé suffisamment pour que vous n'hésitiez pas à l'offrir et le diffuser autour de vous.

Si vous avez aimé ce que vous avez lu, s'il vous plait, laissez un commentaire sur votre site d'achat pour inciter d'autres personnes à sa lecture...

Si vous êtes libraire ou que vous souhaitez plusieurs exemplaires papier de ce livre, afin de le présenter avec mes autres ouvrages, plus « classiques » dans votre magasin, n'hésitez pas à me contacter.

***
Tout arrive pour le meilleur.
***

***
**Changez votre façon de regarder,
et vous verrez la beauté et les cadeaux
toujours présents dans votre vie.**

***

Merci de votre lecture,

Coeurdialement,

Mary Laure Teyssedre

-Remerciements-

Ecrire un texte tel que celui-ci est aussi une aventure, qu'il aurait été impossible de mener jusqu'au bout sans l'aide de personnes chères à mon cœur.

Chriss, bien sûr, le héros de ce chemin de vie extraordinaire. Merci de m'avoir autorisé à partager ton histoire. Merci pour toutes ces heures à me la raconter sans filtres. Merci de ta confiance. De ces moments précieux de relecture pour que le texte puisse coller au plus près de ton expérience tout en gardant le tulle protecteur nécessaire à ta sérénité.

Merci à ma grand-mère, pour avoir répondu à mes questions sur cette période douloureuse de sa vie. Merci à ma maman pour son soutien sans faille durant mes années compliquées, et son adhésion à ce projet, malgré le voile qu'il soulève sur notre histoire familiale. Merci à toutes les deux de m'autoriser à partager cette histoire.

Merci à Virginie Arthus-Bertrand, la première lectrice de ce premier roman, pour son retour enthousiaste et tellement encourageant. Elle m'a permis de prendre conscience d'une capacité d'écriture plus importante que je ne l'avais soupçonnée.

Merci aux amis lecteurs de la première heure, Eric, Marianne, V., T., pour vos retours enthousiastes et vos critiques tellement constructives.

Merci à tous les éditeurs qui ont pris de leur temps après la lecture pour me donner leurs impressions. Quelle richesse pour moi de vous entendre complimenter ainsi ce texte.
Merci aussi pour l'avoir refusé (pour l'instant ;-) et me permettre ainsi d'expérimenter la fabuleuse aventure de l'auto-édition, tout en bénéficiant d'une visibilité d'auteur déjà établie dans le domaine du développement personnel.

Je crois à fond à ce projet, et pense que c'est une véritable chance pour moi de garder l'intégralité des droits de ce texte en attendant de rencontrer celui ou celle qui saura y voir autant de potentiel que ce que j'y ai vu.

Et bien sûr, MERCI à vous, lecteurs et lectrices qui me faites confiance.

Et enfin, merci d'avance à tous de laisser un avis si vous avez aimé ce livre. Il n'est disponible pour l'instant que sur Amazon, et par le biais de mon site. Ce sont VOS commentaires sur ce géant de la vente en ligne qui feront la différence.
Et ce sont vos commentaires, qui peut être, feront qu'il sera un jour accessible au plus grand nombre, y compris en librairie !

Si ce livre vous a plu, n'hésitez pas à vous connecter sur
https://www.marylaure-teyssedre.com/index.php/lamour-sur-le-toit-du-monde/
pour une offre exclusive

■■■

-A propos de l'auteur-

Mary Laure Teyssedre est énergéticienne, formatrice et auteur.
Son activité : accompagner ses clients à déployer leur énergie pour impacter encore plus le monde.
Après des études supérieures en école de commerce, elle est devenue maître Reiki enseignante et diplômée Barbara Brennan Healing Science ©.

Elle est l'auteur de nombreux ouvrages concernant l'énergétique.
Elle reçoit en séances individuelles et organise des formations en développement personnel et énergétique.

www.marylaure-teyssedre.com

www.ingramcontent.com/pod-product-compliance
Lightning Source LLC
Chambersburg PA
CBHW061451040426
42450CB00007B/1307